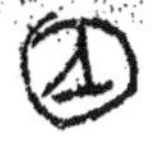

LA BELLE ESPAGNOLE,

OU L'ENTRÉE TRIOMPHALE DES FRANÇAIS A MADRID,

SCENES EQUESTRES,

Militaires et Historiques, à grand Spectacle; en trois Parties;

Par M. J. G. A. CUVELIER;

Musique arrangée par M. D'HAUSSY;

Représentées pour la première fois, à Paris, au Cirque Olympique, le 14 Janvier 1809.

PARIS,
Chez BARBA, Libraire, Palais-Royal, derrière le Théâtre Français, N°. 51.

1809.

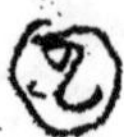

PERSONNAGES.

PERSONNAGES.	ACTEURS.
ROSINA, ou la Belle Espagnole.	Mad. *Gougibus.*
S.-ALME, jeune adjudant commandant français.	*Franconi* cadet.
D. ALVARES, père de Rosina, ancien officier-général espagnol.	*Gougibus.*
D. TARTUFFOS, familier de l'Inquisition.	*Marét.*
Un Inquisiteur.	*Saint-Martin.*
MARIALVA, duègne de Rosina.	Mad. *Tigée.*
Deux Généraux espagnols insurgés.	*S.-Martin* et *Rousseau.*
Deux Pages de D. Alvarès.	*Adolphe* et *Emile.*
Un Général de division français.	*Franconi* aîné.
Un Général de brigade français.	*Désorme.*
Deux Aides-de-Camp.	*Masse* et *Victor.*
Trois Spadassins espagnols.	
Un Brigadier et deux Gendarmes français.	
Quatre Soldats, ou Cavaliers français isolés.	
Un espion anglais.	
Un Boucher, chef d'insurgés.	
Un Geolier.	
Dona Véronica, pauvre femme espagnole, très-vieille.	
Insurgés espagnols.	
Peuple espagnol.	
Troupes françaises à pied et à cheval.	

La scène se passe dans un bourg, sur la route militaire, aux environs de Madrid, ensuite dans les faubourgs et à la porte de Madrid même.

AU LECTEUR.

J'éprouve dans cet ouvrage les mêmes difficultés qui se sont présentées quand j'ai voulu traiter les sujets intéressans *des Français en Pologne* et de *la Bataille d'Aboukir ;* le Héros est trop grand pour que mes faibles pinceaux puissent saisir sa ressemblance, et la composition trop vaste pour un cadre aussi étroit que le Cirque. Je me plais donc à croire que le Public éclairé me jugera plus sur l'intention que sur l'exécution, et qu'il m'accordera l'indulgence dont il a bien voulu honorer jusqu'à ce jour mes faibles esquisses. CUVELIER.

LA BELLE ESPAGNOLE,

OU

L'ENTRÉE TRIOMPHALE DES FRANÇAIS

A MADRID,

Scènes équestres, militaires et historiques, en trois parties.

PREMIÈRE PARTIE.

Le théâtre représente une place publique dans un bourg; à gauche (de l'acteur) la maison du Commandant français ; à côté est l'entrée d'un couvent ; sur la porte, une croix ; en face une autre maison, qui est celle de don Alvarès.

SCENE PREMIÈRE.

Les habitans du bourg dansent une farandolle vive et gaie.

Don Tartuffos vient donner à Rosina une sérénade burlesque.

Mariaiva paraît, et lui déclare qu'on ne veut pas recevoir ses hommages : il sort confus ; la danse reprend.

Elle est interrompue par l'arrivée de plusieurs

spadassins à mine rébarbative qui examinent la maison du Commandant français, semblent menacer, s'envellopent dans leurs manteaux d'une façon mystérieuse, et sortent.

SCENE II.

La farandolle reprend ; le Brigadier des gendarmes français à cheval, vient apporter des dépêches au commandant.

SCENE III.

Le jeune St.-Alme, adjudant-commandant français, chargé du commandement de la place, sort de sa maison et développe les dépêches ; elles contiennent l'avis de se tenir sur ses gardes, attendu qu'une insurrection paraît menacer les Français.

Un gendarme à cheval accourt, et confirme cette fâcheuse nouvelle ; le commandant renvoie les gendarmes avec de nouveaux ordres.

SCENE VI.

Les habitans du bourg présentent au commandant plusieurs pétitions : il les reçoit avec bonté.

Don Alvarès paraît avec Rosina, sa fille ; elle est voilée et suivie par sa duègne et par ses deux pages. Le brave vieillard veut se jetter aux genoux du Commandant, qui l'en empêche gracieusement. L'Espagnol demande protection au chef français pour lui et pour sa fille ; elle lui est accordée sans hésiter.

St.-Alme charge un gendarme de veiller sur les propriétés de ce brave et digne militaire ; le gendarme affiche à la porte de la maison la sauvegarde accordée.

Le père remercie son bienfaiteur , et retourne chez lui avec sécurité ; sa fille , suivie de la duègne et de ses pages , entre dans le couvent ; elle est toujours voilée , et prolonge sur le jeune Français un long regard de remerciement ; celui-ci la suit des yeux , en admirant sa tournure et son élégance.

SCENE V.

Plusieurs cavaliers et soldats français isolés viennent demander le logement au Commandedant , qui fait viser leur route , et leur accorde des billets.

SCENE VI.

Don Tartuffos , familier de l'Inquisition , portant à son côté une grande rapière , paraît avec un Inquisiteur. Le Commandant les salue ; ils lui tournent le dos brusquement sans lui rendre son salut. Tartuffos rentre dans le couvent.

St.-Alme rit de leur morgue , et se retire dans son quartier.

SCENE VII.

Des spadassins à demi-ivres viennent se concerter avec le perfide Inquisiteur , qui sort après avoir donné ses ordres.

Les spadassins restent seuls.

SCENE VIII.

Rosina sort du couvent avec sa duègne et ses pages : Tartuffos lui donne la main. Les spadassins s'approchent, et veulent lui lever son voile : à cette insulte la Duègne et les pages s'enfuient, et le fanfaron Tartuffos tremblant, se cache dans un coin.

SCENE IX.

La belle Espagnole se débat au milieu des deux coquins qui lui manquent de respect, en exigeant qu'elle lève son voile.

St.-Alme sort de son quartier ; témoin de cette violence, il ne peut la souffrir ; il tire son épée, combat, et met en fuite les deux spadassins.

Rosina reconnaissante de ce service, lève son voile pour son libérateur. Il est ébloui de sa beauté.

SCENE X.

Don Alvarès, la duègne et les pages reviennent, et sont témoins de la généreuse galanterie du jeune Français ; ils l'en remercient, et se retirent dans leur hôtel.

Tartuffos, qui a repris du courage après le danger, prétend les accompagner ; don Alvarès le prie avec ironie, de se dispenser de ce soin.

St.-Alme sort d'un côté opposé.

SCENE XI.

Tartuffos est seul en scène, il se dépite, car

son cœur est touché depuis long-tems par les charmes de Rosina : il voit avec chagrin qu'un autre plus heureux, va peut-être lui plaire ; et que ce rival odieux est le Commandant français, qu'il déteste.

La nuit enveloppe petit-à-petit la scène de ses ombres.

SCENE XII.

L'Inquisiteur sort du couvent avec mystère; il se concerte avec don Tartuffos. Ils font un signal, plusieurs insurgés paraissent ; ils forment le complot horrible d'assasiner les Français : cette nuit même, quand la cloche du couvent sonnera minuit, ils auront vécu.

Une inscription déployée aux yeux des conjurés, annonce ce massacre ; ils jurent tous de frapper sans pitié. L'Inquisiteur et Tartuffos distribuent de l'or et des poignards aux spadassins à gages qui se trouvent dans la multitude.

SCENE XIII.

Une patrouille de gendarmes à cheval paraît : tous les conjurés se cachent sous le grand portique du couvent.

SCENE VIV.

St.-Alme entre en scène ; il est rêveur, inquiet ; il rassemble le peu de soldats isolés qui se trouvent dans le bourg, il les fait armer, et les introduit dans son quartier, pour recevoir ses ordres et le défendre. Il laisse une sentinelle à la porte ; le brigadier des gendarmes attache son cheval près de la sentinelle, et suit le commandant.

SCENE XV.

Tartuffos se montre avec l'Inquisiteur et les spadassins : ils tirent leurs poignards, menacent la sentinelle et se cachent de nouveau.

L'un d'eux se roule dans son manteau, et employant une ruse infernalle, surprend le factionnaire et le tue : en cet instant, l'Inquisiteur et les conjurés reparaissent. La cloche du couvent donne le signal par un tintement lent et lugubre ; l'Inquisiteur encourage les conjurés, ils se précipitent pour enfoncer la porte du commandant français.

SCENE XVI.

Le brave St.-Alme que rien n'intimide, s'efforce d'appaiser cette émeute, on fait feu sur lui, il se retire dans son quartier.

Le brigadier des gendarmes veut monter à cheval ; Tartuffos a détaché adroitement les sangles ; dès que le brigadier met le pied à l'étrier, la selle tourne, il tombe par terre, et l'indigne Tartuffos l'assassine.

SCENE XVII.

Don Alvarès et Rosina essayent en vain de calmer les furieux ; la maison du commandant est attaquée, le peu de braves qui s'y trouvent, se défendent de leur mieux, mais ils sont forcés de céder au nombre. La maison est assaillie, brûlée, les

Français massacrés et le malheureux St.-Alme fait prisonnier.

Tartuffos triomphe, Rosina est mourante aux genoux du farouche Inquisiteur ; son père ne pouvant réussir à sauver le brave Français, se cache la figure pour ne pas être témoin de cette scène d'horreur : Marialva et les pages placés sur la terrasse de la maison, tendent vers le ciel leurs bras impuissans.

Fin de la première Partie.

II.me PARTIE.

(*Le théâtre représente une salle gothique, dans un vieux château, qui sert de quartier général aux insurgés. Cette gallerie est fermée au fond par une haute grille de fer, qui traverse toute la largeur de la scène, et à travers laquelle on distingue la campagne. Dans l'intérieur on voit un fauteuil, des tabourets, et une table couverte d'un drap rouge; à gauche sont des chaines scellées dans le mur; une lampe éclaire ces tristes apprêts.*)

SCENE PREMIERE.

Il fait nuit. La junte insurrectionnelle est assemblée : l'Inquisiteur la préside ; don Tartuffos y joue un rôle important : don Alvarès qui vient d'y être appellé, en sort bientôt avec indignation.

On introduit les chefs de la garde populaire, Tartuffos en est nommé le commandant : il prête serment en cette qualité.

Un espion Anglais paraît ensuite, sa dépêche promet cent mille hommes pour le maintien de la religion. (1).

(1) Fait historique.

Il fait apporter par deux jokeis, un ballot de billets de banque d'Angleterre, et un barril plein de pierres à fusil.

SCENE II.

La junte satisfaite, termine sa première séance en voyant défiler derrière la grille, à la lueur des torches, les différentes troupes des insurgés, armées d'une manière grotesque; on y distingue un canon traîné par des moines (1).

SCENE III.

On amène St.-Alme chargé de fers, on l'enchaîne à la muraille: un geolier dépose auprès de lui une cruche pleine d'eau et un pain noir.

SCENE IV.

Resté seul, le jeune Français déplore son infortune. Pourquoi n'a-t-il pas été assez heureux pour périr les armes à la main? pourquoi faut-il mourir sans gloire et après une douloureuse agonie, quand il est si beau de perdre la vie aux champs de l'honneur?..

Ces pensées l'accablent... revenu à lui, il cherche les moyens de s'évader... impossible!.. il remarque le pain sur lequel est tracé une croix, il le prend, le rompt... O bonheur! l'univers entier ne l'a pas abandonné, il est encore des ames compâtissantes; il a trouvé un billet dans le pain; ce billet est de

(1) Fait historique.

Rosina, il le lit, le baise, le presse sur son cœur.

SCENE V.

En ce moment, Rosina et sa duègne, couvertes de longs voiles, passent derrière la grille; elles font à St.-Alme des signes d'intelligence.

SCÈNE VI.

Tartuffos entre dans la prison, il a apperçu quelque chose, il regarde en dehors par la grille, mais Rosina a disparu avec rapidité.

Le lâche Espagnol menace son rival, celui-ci s'enveloppe dans sa dignité, et ne lui répond que par un sourire de pitié.

SCENE VII.

Un tribunal d'iniquité s'assemble! présidé, par qui, grand dieu!.. par Tartuffos!..

Il interroge le Français, que l'inquisiteur accuse; St.-Alme dédaigne de lui répondre; il est condamné à être fusillé, on lui fait lire sa sentence; l'injuste tribunal se dissout.

SCENE VIII.

On a laissé St.-Alme jusqu'à la pointe du jour à la garde de deux satellites, qui déposent leurs pistolets sur la table et se mettent à boire en insultant par leur joie grossière, à la douleur de leur triste victime.

SCENE IX.

Une vieille sœur de cet ordre respectable dévouée au service des prisons et des hospices, vient apporter un peu de nourriture et des consolations au prisonnier : les deux gardes la reçoivent avec brusquerie, mais lui permettent de remplir ses devoirs ; dès qu'elle est près de St.-Alme, elle saisit un instant favorable, se découvre, et lui laisse voir la belle et compâtissante Rosina, qui vient pour le sauver.

A cet effet, elle s'approche de la table et demande aux gardes un verre de vin pour le prisonnier ; ils la refusent d'abord, et ne l'accordent ensuite qu'à la condition qu'elle boira et trinquera avec eux : la fausse sœur accepte, passe un verre à St.-Alme, en remplit un autre pour elle-même, trinque avec les satellites à demi-ivres, et saisissant l'instant où ils boivent, saute sur leurs pistolets placés sur la table, et les met en joue.

La courageuse Rosina court au prisonnier pour briser ses fers, et payer ainsi la dette de reconnaissance qu'elle a contractée envers lui : les gardes veulent se jetter sur elle et la désarmer, mais l'intrépide Français s'est emparé des pistolets, il menace à son tour ses féroces gardiens, tandis que la fille d'Alvarès détache ses chaînes.

Il est libre : il a eu à peine le tems de baiser la main de sa belle libératrice : comment sortir !... Il est un seul moyen, c'est d'escalader la grille... il va le tenter.

SCENE X.

Une patrouille d'iusurgés passe dans le fond : St.-Alme court reprendre ses fers; Rosina ressaisit les pistolets; aidé de son amant, elle tient en respect les deux gardes et les force de se cacher.

La patrouille a fait halte en dehors; Tartuffos parait derrière la grille, examine si tout est en ordre, St.-Alme feint de dormir, l'Espagnole et les gardes toujours maintenus par la crainte échappent à ses regards; il sort, la patrouille s'éloigne.

SCÈNE XI.

St.-Alme respirant enfin, retourne vers sa libératrice, enchaîne les deux gardes à sa place, et franchit la grille.

SCENE XII.

Lorsqu'il est prêt à passer de l'autre côté, Tartuffos entre dans la prison : St.-Alme lui tire un coup de pistolet et le manque ; le poltron qui se croit mort, roule par terre, et se relève étonné de vivre.

SCENE XIII.

Le jour reparaît : soudain le pas de charge français bat dans le lointain, St.-Alme court vers ses compatriotes : et Rosina tombant à genoux, remercie le ciel et se retire sans être reconnue.

SCENE XIV.

C'est dans ce moment que Tartuffos s'est relevé; l'Anglais accourt hors d'haleine, il ne sait où se cacher, non plus que l'Espagnol et l'Inquisiteur.

SCENE XV.

En même tems, les insurgés en déroute, se sauvent dans la campagne, et sont apperçus à travers la grille. Les Français victorieux, dirigés par St.-Ame, les poursuivent de près, la bayonnette dans les reins; la cavalerie française se répand dans la campagne et sabre les fuyards.

Fin de la deuxième partie.

III.me PARTIE.

(Le théâtre représente l'intérieur d'une mâsure dans les faubourgs de Madrid; à droite la porte, à gauche une fenêtre donnant sur la campagne.)

SCENE PREMIERE.

(On entend une forte canonade dans le lointain.)

La vieille dona Véronica, maitresse de la maison, qui a donné un asyle à don Alvarès, son bienfaiteur et à sa fille, écoute dans le fond, avec inquiétude, Don Alvarès est assis avec accablement; Rosina assise du côté opposé, verse des larmes.

Don Alvarès ne pouvant supporter l'incertitude dans laquelle il est plongé, prend la résolution de sortir:

Rosina pense un instant au généreux St.-Alme... tout-à-coup elle entend dans le lointain des chants de victoire.

Le père revient annoncer que les Français sont vainqueurs: tous sont dans la joie.

SCENE II.

Tartuffos accourt épouvanté, son habit déchiré, la figure pâle ; il raconte en tremblant les succès des Français : « Ils s'avancent, dit-il à Alvarès, ce » sont des diables, fuyez seigneur, ou vous êtes » perdu. »

Le brave Alvarès, victime d'une insurrection qu'il blâme et qui déshonore son pays, préfère attendre les vainqueurs, et remettre à leur générosité les jours de sa fille et les siens. Tartuffos n'est pas de cet avis ; il s'enfuit.

SCENE III.

Alvarès inquiet sur le sort de sa Rosina, plutôt que sur son propre sort, ne sait quel parti prendre pour la sauver. Après avoir long-tems réfléchi, il trouve un moyen digne de son âme noble et grande, c'est de tracer cet écrit adressé aux vainqueurs.

Neuf cents mille francs et la main de ma fille, au généreux Français qui la sauvera du déshonneur (1).

Il trace ces lignes, il les signe et cache cet écrit dans son sein pour s'en servir à l'occasion.

L'infortunée Rosina est inquiète, son père la rassure.

(1) Extrait des Bulletins.

Le bruit des combattans semble approcher, Alvarès se cache avec sa famille et la vieille Véronica.

SCENE IV.

Les insurgés entrent dans la chambre, ils tirent par la fenêtre sur les Français, quelques uns, en pillant la maison, découvrent la vieille Véronica, que ces furieux sont prêts à sabrer.

SCENE V.

Quelques braves Français ont escaladé la fenêtre, ils font feu sur les révoltés, les mettent en déroute, et sauvent généreusement la vieille femme en la prenant sous leur protection.

SCENE VI.

Don Alvarès se montre avec sa fille, en se confiant dans la générosité naturelle des Français: malheureusement l'un d'eux découvre l'écharpe du chef des insurgés, que don Tartuffos a jetté dans sa terreur panique.

A ce signe, les Français s'imaginent que don Alvarès est le général ennemi; ils vont l'enmener prisonnier: Rosine est arrêtée ainsi que son père; elle s'échappe, tire un poignard et menace son sein.

SCENE VII.

En ce moment critique, St.-Alme parait : il déclare à ses soldats qu'il connait don Alvarès, que ce brave Espagnol condamne les excès de ses compatriotes, enfin qu'il lui doit la vie, et répond de lui. Les soldats dociles à la voix d'un de leurs braves chefs, sortent avec respect.

SCENE VIII.

Don Alvarès montre à son libérateur l'écrit qu'il a tracé, et lui offre sa fortune et la main de sa fille. Le noble Français refuse la première et accepte la seconde.

Cependant le combat est engagé, il n'y a pas de tems à perdre, la famille espagnole sort pour se réfugier au quartier général français, sous les auspices de son jeune défenseur.

(*Le théâtre change et représente à gauche, une des portes de Madrid; dans le fond une montagne, sur laquelle est dressée une riche tente, surmontée de l'aigle impériale; à droite, vis-à-vis la porte, un arbre isolé.*

SCENE IX.

Deux grenadiers de la garde impériale française sont en faction sur la montagne, à l'entrée de la tente ; plus loin est un chasseur à cheval de ce noble corps : à l'entrée de la tente et en dehors sont des officiers supérieurs et aides-de-camp, le chapeau bas, attendant les ordres qu'un général leur apporte, et qu'ils s'empressent de porter.

A l'avant-scène, la porte de Madrid est gardée par des hommes du peuple de mauvaise mine : on distingue un boucher à leur tête (1).

SCENE X.

St.-Alme, Rosina et Alvarès paraissent, et sont reçus au bas de la montagne par un officier supérieur français, qui les conduit vers le quartier général.

SCENE XI.

Plusieurs escarmouches de cavalerie et d'infanterie ont lieu en avant de la porte. Les insurgés Espagnols tentent une sortie, ils sont vigoureusement repoussés ou faits prisonniers.

(1) Extrait des Bulletins.

SCENE XII.

Un général Français sort de la tente, et envoie un parlementaire aux insurgés.

SCENE XIII.

Le trompette parlementaire sonne : la porte s'ouvre : il déploye une sommation, elle présente ces mots :

Madrid est perdu, si avant une heure vous n'arborez le drapeau blanc. (1).

On bande les yeux au trompette, on l'introduit dans la place.

SCENE XIV.

Les têtes de colonnes françaises se présentent sur la montagne et en scène ; une batterie est placée de manière à batre en brêche ; la mêche est allumée, on n'attend que le signal, la cavalerie légère, impatiente de charger, est apperçue dans le lointain.

SCENE XV.

Le parlementaire revient avec deux généraux

(1) Extrait des Bulletins.

espagnols que le général français conduit à la tente(1); ils en sortent bientôt; l'un deux agite son mouchoir, aussitôt le drapeau blanc paraît sur la porte de Madrid à la place du drapeau des insurgés.

SCENE XVI.

Les ennemis sortent de la place et mettent bas les armes. L'armée française triomphante, fait son entrée dans la capitale des Espagnes (2).

SCENE XVII.

Avant tous ces mouvements, Tartuffos a paru; repoussé de la ville par les siens, il se cache sur l'arbre isolé. Bientôt il apperçoit et est venu se cacher au sommet de la ruine; il Saint-Alme seul et à cheval. Il ne peut plus contenir se rage; la jalousie et la vengence lui font oublier le danger; il tire deux coupe de pistolet, dans l'espoir de frapper à mort son rival; mais les balles, égarées par sa main temblante, se perdent dans les airs; deux cavaliers français placés au pied de la ruine apperçoivent à peine cette insigne thahison, qu'ils font feu sur le traître. Tartuffos tombe mort au bas du mur. L'Espagne est délivrée d'un de ses vils tyrans, et la fille d'Alvarès de son persécuteur.

SCENE XVIII et Dernière.

Dans cet instant les colonnes françaises ont fait

(1) Extrait des Bulletins.

(2) Extrait des Bulletins.

halte, et forment plusieurs cordons sur la scène. Les femmes espagnoles à genoux à l'entrée de la tente, présentent des rameaux d'olivier au Héros qu'elle est supposée renfermer. Un général soulève l'entrée de la tente pour recevoir cet hommage.... On distingue dans l'intérieur la couronne lumineuse de l'immortalité. Un officier supérieur de l'armée imperiale apporte l'amnistie accordée par le généreux vainqueur ; des enfans jettent des fleurs, les drapeaux insurgés sont baissés devant l'aigle des Français, et tous les personnages se dessinant à l'avant-scène, indiquent avec admiration le tableau de gloire qui s'offre à leurs yeux, au bruit éclatant des fanfares et des tambours.

FIN.

De l'Imprimerie de HOCQUET ET COMP., rue du Faubourg Montmartre, n°. 4, au coin du Boulevard.

Pièces nouvelles qui se trouvent chez le même Libraire.

L'Assemblée de Famille, comédie en 5 actes et en vers, par M. Riboutté. 2 fr. 50 c.

Mlle. de Guise, opéra-comique en 3 actes, par Dupaty.

Menzikoff et Fœdor, opéra en 3 actes, par Lamartelière.

Cimarosa, opéra-comique en deux actes, par J.-N. Bouilly.

Ninon chez Mad. de Sévigné, comédie en un acte en vers, mêlée de chants, par M. Dupaty. 1 fr. 50 c.

L'École des Juges, ou les Dangers de l'Erreur, drame en 3 actes, par M. Dubois. 1 fr. 50 c.

Haine aux Femmes, vaudeville en un acte de M. Bouilly.

Haine aux Hommes, vaud. en un acte, de Moreau et Francis. 1 fr. 20 c.

Haine aux petits Enfans, vaud. en un acte. 1 fr.

L'Ange tutélaire, ou le Démon femelle, mélodrame en 3 actes, par M. Pixérécourt. 1 fr.

La Tête de Bronze, ou le Déserteur hongrois, mélod. en 3 actes, par M. Augustin. 1 fr.

Ouvrages nouveaux.

Mémorial dramatique, ou Almanach des Théâtres, pour l'an 1809 : dédié à *Madame Belmont*, et orné de son portrait. 1 fort vol. in-24. 1 fr. 50 c.

Les trois B, ou Aventures d'un Borgne, d'un Boiteux, et d'un Bossu ; par Armand Charlemagne, auteur de l'Enfant du Crime et du Hazard. 4 vol. in-12. 7 fr. 50 c.

Secrétaire de la Cour Impériale et de la Noblesse de France, ou modèles de Placets, Pétitions et Lettres adressés à l'Empereur, à l'Impératrice, aux Princes et Princesses de la Famille Impériale, aux Grands Dignitaires, aux Maréchaux d'empire, aux Sénateurs, aux Conseillers d'Etat, aux Préfets, aux Présidens des Cours de Justice, aux Cardinaux, aux Archevêques et Évêques ; précédé d'une Notice sur le Cérémonial observé à la Cour pour la réception des Ambassadeurs. 1 gros volume in-12, orné d'une gravure représentant les armes de la noblesse de France.

Les Jeux, Caprices et Bizarreries de la Nature ; par Dorvigny. 3 vol. in-12. 6 fr.

Amour et Scrupule, 4 volumes in-12. 8 fr.

Nouveau Savant de Société, divisé en deux parties, la première contenant tous les jeux de société, la seconde un recueil de cent dix Tours ; par M. du Cœur-Joly. Suivies de la manière de jouer le Boston, et de celle des jeux de Dames, avec une planche. *Seconde édition.* 2 gros vol. in-12, ornés de 14 fig. 6 fr.

www.ingramcontent.com/pod-product-compliance
Lightning Source LLC
LaVergne TN
LVHW020633110826
845149LV00004B/1155

* 9 7 8 2 0 1 9 1 9 9 5 3 1 *